AF599853

*ENNA VILLARROYA MARTÍNEZ*

# *LAS VOLUNTADES*

ENNA VILLARROYA MARTÍNEZ

# LAS VOLUNTADES

**Ayuntamiento de Campo de Criptana**
Área Municipal de Cultura

**LIV Premio de Poesía**
Pastora Marcela 2024
Campo de Criptana

*HUERGA & FIERRO editores*

Un jurado presidido por D. Valentín Arteaga. Demás miembros: Dª. María Zaragoza, Dª. Elisa Díaz Argüelles, D. José Aureliano de la Guía, Dª Natividad Cepeda, D. José Corrales Díaz-Pavón, Dª. Ana Sánchez-Alarcos Gómez, Concejala de Cultura y Dª Ana Muñoz Alberca, Directora de la Casa de Cultura, otorgó a este libro el LIV Premio de Poesía 2024 "Pastora Marcela".

Diseño de Colección: Huerga y Fierro

Primera edición: 2024


C/Sebastián Herrera, 9
28012 Madrid-España
Telf.: 91 467 63 61
www.huergayfierro.com
huerga@huergayfierro.com

I.S.B.N.: 978-84-128971-2-8
Depósito Legal: M-18605-2024
Impreso en Romadac Industria del Libro
Impreso en España/Printed and made in Spain

*LAS VOLUNTADES*

*Para Héctor, Hugo y Oliver,*
*mis voluntades más férreas*

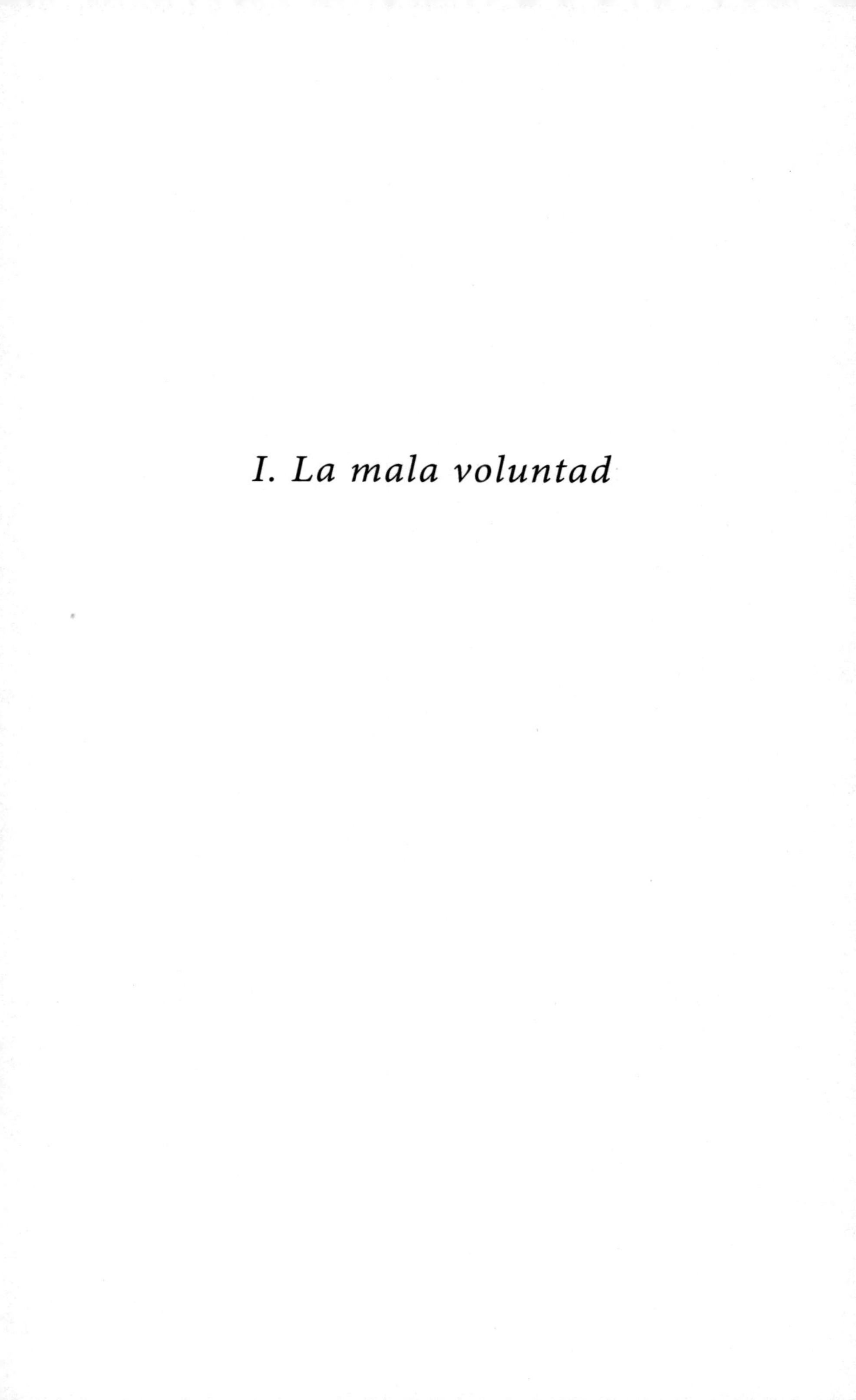

# *I. La mala voluntad*

# ESTRÉS

*que se parara todo quizá fuera lo digno para vivir saltando sobre las quimeras/se frustra la silla sobre la que nadie se sienta/(...) reza a tu señora del estrés si así lo prefieres dice.*

David Trashumante

pasan cosas sin desmayo y sin pausa/ las calles están llenas de piernas decididas tras los semáforos/ bullir de grandes insectos tenaces mamíferos/ también está la corriente sí siempre que las embiste que las arrastra lejos/ pero siempre han de volver a casa orgullosas resignadas satisfechas/ bajo las luces, al ritmo de las luces/ descubre la jaula, dice, que canten, dice/
algunos no saltan no tienen las extremidades fuertes el cuerpo musculoso de la hormiga/ no les gusta el movimiento/ expanden el tiempo lo dejan flotando y van detrás de él/ miran los charcos la tele la gente pasar desde el balcón /los niños hablan de fondo/ las posibilidades son infinitas/ hacer hacer imposible/ se han quedado paradas, congelado el movimiento, abrumadas/ no pueden decidirse, dar un pequeño paso, insuficiente, todos los son y los serán/
compran cosas necesarias algunos regalos reparaciones/ para cuándo el botón por coser?/ los niños están suficientemente atendidos?/ vuelve a haber un agujero en el pantalón /
sería bueno hacer ejercicio, por supuesto, dice/ tendrías que alimentarte bien, dice/ está el ajo, el magnesio pero no se deciden entre el omega 3 o la Q-10/ ya se olvidaron las bayas de Gogi, pero está el germen de trigo/ suplementos semanales en la mesita para insomnes/ las películas recomendadas/ tirar lastre o echar el ancla/ podrían hacer algo de meditación no a lo occidental como tarea tienen que dejarse algo/
saltad les decían pero la distancia era muy grande saltad ya sin miedo/ pero la calle pero la multitud pero el tic tac del reloj/ no lo hacéis mal, dice/contribuir al argumento de la obra, hay que contribuir/
es bonito el telón, piensan/
disfrutar del personaje, piensan.

# OMBLIGO DEL MUNDO

¿Cómo era? YO,
estaba bien, ¿cómo estaba?
dentro de mí, también fuera
y desde fuera cada cara de un poliedro /cristal biselado
YO ego
yo estudiante, yo amiga, yo nieta, yo hija, yo mujer, yo trabajadora
yo lectora, yo poeta, yo hermana, yo madre, yo madre!, qué madre?
qué tipo de madre?, qué es mucho, o poco, demasiado o suficiente?
desde dentro hacia afuera y desde afuera hacia dentro entre partes
YO miedo
Las partes hacia mí, fraternidad? y las partes de las partes y en otra parte
en el pasado lejano y en el pasado reciente cómo y qué
y cuánto tiempo y cuántas veces y si tuvo importancia
YO duda
y el futuro en el otro lado de un péndulo neuronal
Me balanceo y me balanceo y voy y vuelvo
Shshshshshshshshshsshshshshsshshs
El relato que me cuento
es el relato.

# FABULAR

Cuéntate una fábula, cuéntatela. Lo que pasó. Quién? No eres tú. Estuviste allí? No recuerdas todo.
Recuerdas por tu cerebro reptiliano. No sirve para nada. Crees que odias un poco? Basta con no amar lo suficiente. Se notará en la mirada? Serán los ojos fríos, inexpresivos? Parece que no. Veo el pelo corto de esa niña en las fotos. Por qué el pelo corto? Recuerdo a las mujeres rapadas: escarnio público en las calles. Qué otra fábula se contaron ellos entonces? Qué fábula se cuentan ahora? Debiste haberte ido lejos, como aquella niña.
Cuéntate una fábula, con los momentos buenos. Tal vez te acerques a la verdad, con la fábula. Quién puede recordar días sobre días que llenan años?
Imposible no fabricar tu pasado. Y qué es suficiente? Por qué querer amar más ?
Todo puede estar mal o todo puede estar bien. Ella va trayendo cosas, ofrendas, presentes y caen al pozo sin fondo,
Por qué tan complaciente? Tienes un nudo, será siempre el mismo o has fabricado miles de nudos? No quieres hacer daño, pero lo has imaginado: dar malas noticias, fracasar rotundamente, escandalizar.

# HUÍDA A LO HOULLEBECQUE

Ese suave vaivén
ese dulce fluir
*repaso un mal recuerdo de hoy*
*hilvano conflictos mentalmente*
*los tengo en salazón,*
*congelados o en escabeche (EL MAL)*

soy yo
al volante
solo soy
yo sola
*los trenzo, los hilvano*
*con otros de la juventud*
*o de la infancia*

las carreteras como promesas
las autovías, sugerentes
mi yo alado
mi yo conmigo
perdonado
perfecto en su imperfección
*listas de tareas*
*la agenda llena*
*los correos*

Las señales con nombres propios
de sitios que no están tan lejos
si hay gasolina,
si hay dinero para pensiones
Tengo tarjeta
¿con tarjeta?

*Comunicarse bien*
*con los más próximos*
*no escuchan...*
*el prójimo. (EL MAL)*

Podría ser hacia el interior
noroeste
o hacia la costa
noreste
o el sur,
todo el sur vale.

*El amor*
*¿Cómo nos queremos?*
*¿Cómo hay que quererse?*

Una rectificación de volante
fluir por una salida
alejarse,
alejarse más, (MALA VOLUNTAD)

*La compra, ¿pero hay lista?*
*cocinar y la cocina*
*una lavadora, pero que no se haga tarde.*
*Llevo trabajo a casa.*

¿Hasta dónde llegaría?
¿Podré parar?
¿Llamar?
con tarjeta no
tal vez falten motivos
tal vez sean suficientes.

A veces faltan

A veces sobran.

## EL POZO

Como si nunca fuera bastante
en los días envenenados;
sin piedad
para las miserias;

solo podrían echar agua
en tu fondo arenoso,
sediento.

Todo parece estar bien,
creen en tus virtudes,
tal vez las tengas.

¿Estarás reinterpretando la historia
desde tu mirada tóxica?

Has corrompido el relato;
has echado veneno,
en el pozo de la casa.

# TOCAR FONDO

## I

Caer, caer
como las fichas de dominó,
con estruendo;
derrumbarse en alud.

Llegar al escombro
y contemplarse;
caer de lo alto del rascacielos
del *matrix;*
hundirse en el asfalto,
desintegrarse,
evaporarse.

Reducir a ceniza el libro
de los agravios:
quitar el pecado de mi mundo, de su mundo
y acabar tú también en ceniza
de fin y principio,

ceniza de plumas, de pico

y de garras.

# LA DESTRUCCIÓN DEL MURAL

*A Nacho Delmolino, autor del mural*

*Todo se ha quemado en el incendio*
*palabra es lo único que tengo.*
VETUSTA MORLA

Aquella vez guardé la flor vertiginosa
y mi queja fue minúscula , queja *otramejilla.*
Los lirios engañaban con su supuesta pureza,
con su blanco censor de brocha gorda.
Aún puede alzarse la flor pluma, flor afilada, flor dedo índice que apunta al blanco:
Blanco pintado sobre el disparo en arte pop.
Blanco sobre el arte figurado de los niños humildes.
Brocha gorda sobre las caras distantes de Modigliani.
*Esta iglesia era obrera. Remodelémosla.*
Pintura blanca sobre el color negro del alto horno.
Brochazo blanco sobre la transparencia de los cristales de las naves de talleres.
*Ese mural mostraba el mal: la violencia con trazos Guernica era molesta. No te perturbes; arrodíllate aquí y déjate arropar por los dorados místicos de este nuevo templo. Borra esas imágenes de tu mente y sumérgete en la religiosidad del ego: Dios te habla solo a ti, en tu burbuja espiritual. No importa la guerra tan lejana o el hambre de otras o el miedo de otros, o el dolor de los hijos de otros.*
*No pienses tanto*
*solo mira lo que yo te muestro, lo que quedó*
*tras la destrucción:*

*una pared en blanco.*

*Detalle del mural realizado por Nacho Delmolino entre 1993 y 1998 en la pared del claustro de la parroquia Virgen de los Desamparados, de Puerto de Sagunto. Fue destruido cubriéndolo con pintura el 18 de marzo del 2021 por decisión del nuevo párroco*

# CARTA A LA AMIGA

*no manches la piel al desangrar el cordero si del error nace*
*la belleza al pasar la aguja en el silencio se hace el grito*
*hombres de sangre y tierra nunca lloran...*

María Sánchez

No puedes dejar de tentar a la suerte la mala suerte de
romper ese cristal delgado siempre fue frágil
cuando lo frágil se expone atrae la violencia
animal no sé si sabes de clases de animales
ni del animal que eres te han ido rondando en círculos
tal vez sin saberlo observando el resquicio
esperando la grieta siguiendo el rastro y no lo saben
tampoco pero al final pasa y llega el momento del colmillo
del ataque de la emboscada las gotas rojas
manchan tus rizos blancos que limpiarás lamerás tus heridas
no mortales pero el miedo de vivir ese miedo lentamente mortal
volverá no sabes cuándo o tal vez late siempre en tu sien una señal
de tu grieta a la intemperie un reclamo tu propio señuelo
puede empezar la cacería.

# LA CANCIÓN DEL FIN

*parece*
*por lo que dicen*
*algunos en la tele*
*científicas en artículos*
*gente que clama en un desierto*
*todo sigue igual*
*nos preocupamos a ratos*
*pero no hay freno*
*hay pocas obligaciones*
*nos tratan como a niños*
*con grandes piruletas.*

Atravesamos paisajes
bosques con miles de árboles
son pulmones
hay pulmones
también urbes
demasiadas urbes

inmenso es el mundo de selvas
y cordilleras

pero es pequeño en Google Earth
seremos como hormigas?

Y dicen que la tierra desaparecerá?
imposible
hay tanta belleza, esperanza
he visto pulmones,
hay pulmones

422 árboles por persona
hay más árboles que estrellas en la Vía Láctea
y más arriba, qué hay más arriba?
Lanikea, y más al fondo? el infinito
es bonito mirar las estrellas, ponerles nombres
podrías también apadrinar un árbol
y si las apadrinadas somos nosotras?

dicen que todo desaparecerá?
este riachuelo del pazo Rolle
que discurre sobre piedras que amarillean
desaparecerá
y sus álamos, homeros y eucaliptos
que crecen paralelos al camino de tierra húmeda y negra
también desaparecerá
y la cascada más arriba que cae sobre los musgos
con sus helechos gigantes
que cuelgan de la montaña

y desaparecerán los niños de la tierra
con su inocencia
y no habrá niñas curiosas
descendientes de una raza de Homo sapiens
que domesticó los animales
que domesticó las semillas
y fue domesticado por ellas
y después lo depredó todo
para acabar depredándose a sí mismo.

desaparecerán los bares
y el brindar
desaparecerá el jamón ibérico
la tortilla de patata
el sushi
las cinco especias chinas

y la comida criolla que no llegó hasta tu país
a pesar de la globalización

ya no habrá viajes
al espacio
ni terrestres
ni por tu país
cómo serán los países antes del fin?
desapareceremos al mismo tiempo que la tierra?
agotaremos la tierra
dicen que ya es una cuenta atrás
dicen que ya ha pasado

qué hace el hombre sin la tierra?
Nos autodestruiremos
no serán los extraterrestres
no hará falta el meteorito
no será un mega tsunami
no será Rusia, ni Estados Unidos.
o tal vez sí, pero
será el fin el fin
de los miles de años de evolución
se perderá la civilización
perderemos el milagro de Pompeya
y la costa Amalfitana
que tal vez no debí conocer
desaparecerán los fiordos de Noruega
el séptimo arte y sus genios
las series y las fotos
que veías en tu móvil
programado para estropearse
desaparecerán los bosques de pinos de Tarifa
la duna de Pilat

los viñedos de txakolí de Getaria
el Mount St. Michelle
y sus prados salados
también desaparecerán los parques de basura tecnológica
en el tercer mundo
y las nubes no tan virtuales del primer mundo:
parques de súper ordenadores conectados
consumiendo electricidad para conservar
nuestros datos
agotaremos el litio para que los jóvenes
se hagan yonkis de un like
y las niñas se sientan
corrientes y fracasadas.

*Los filtros han subido el listón*
*la insatisfacción está sembrada*
*la felicidad hipotecada*
*y la vida es toda ficción*

desaparecerán también los libros
y las barreras de coral,
desaparecerán los humedales y el desierto
y los continentes, uno a uno.
desaparecerán las begonias que crecían
en aquel monasterio de la Costa brava
donde los niños hacen snorkel
desaparecerán los quesos franceses
y la burrata italiana
y todos los inventos del mundo
porque los inventos necesitan de un mundo
que los albergue

las cataratas del Niagara
las obras de literatura
se habrán perdido

y ya no tendrán lectores
la filosofía
las religiones
todas las artes
desaparecerán
la alegría desaparecerá y también el amor
amor mamífero que tanto costó
conseguir desde las amebas
del lodo originario

también desaparecerá el mal
la corrupción, la depredación
y la depravación

no habrá hamacas que cuelgan de palmeras
paradisíacas, ni hamacas de domingueros
a la sombra de los pinos
ni partidas de dominó
ni cervezas
ni cafés cortados
no habrá descampados de barrio
ni islas griegas

desaparecerán también los sonidos
de David Bowie, de Morricone, de Los Doors,
La "canción del jinete" de Cave and Ellis.
el trinar de pájaros,
los motores de avión rumoreando en el cielo
los grillos de las noches de verano
el rumor del lavavajillas cuando hay silencio en la casa

*parece el fin*
*por lo que dicen*
*algunos en la tele*
*científicas en artículos*

*gente que clama en un desierto*

*todo sigue igual*
*nos preocupamos a ratos*
*pero no hay freno*
*hay pocas obligaciones*
*nos tratan como a niños*
*con grandes piruletas*

# DEGRADÉ DE POETAS

Qué belleza la de la tenue luz de la mañana que ilumina la manzana y dibuja un bodegón en la cocina.

~~Escriben versos demasiado tristes~~

La unión de todas las cosas en la belleza:
qué fraternidad
me reconcilio con la vida

~~Dibujan imágenes irracionales~~
~~No se entiende un pijo~~

Yo tengo epifanías y qué hímnico se vuelve todo
Se ha decantado la tarde, y con ella el tiempo.

~~Demasiado comprometida, aburre~~

Como caracoles que trepan por pestañas doloridas. Como el engranaje azul de la oruga.

~~Escriben versos demasiado narrativos, eso no es poesía~~

Como la mota que es en el polvo contención y amparo, como mota que es polvo de contención, y ampara.

~~tienen excesiva línea clara~~

Como el amparo, que es mota incontenida de polvo. Ampara esa mota de polvo incontenida.

~~No me contengo ya más, qué clerecía.~~

Y siempre se repite el yugo del poder: las corbatas, el abuso de la fuerza que reprime, el status quo; no nos abandonará EL MAL

~~Nada comprometida, un merengue.~~

*Tum tum tum tum tum tum*

~~Ya no rimo, pero~~

*Tum tum tum tum tum tum*

~~mira cómo cuadra~~

*Tum tum tum tum tum tum*

v~~erdades como puños~~

*Tum tum tum tum tum tum*

r~~edondas, certeras~~

~~Ya no leo a nadie, me basto y me sobro con mi fluir seminal poético, soy un ser poético, animal poético, bestia poética.~~
~~Con ese punto y ese algo que no es totalmente un estilo, ni el otro, pero qué equilibrio, me aplauden, y el color, y el tono, me leo encima, me escribo encima; me vivo tan intensamente encima.~~

~~Qué ligeros y descabezados algunos; qué menores.~~

~~Me disculpo por publicar en esta editorial menor, pequeño desliz.~~
~~Léeme y bebe este conocimiento decantado, de esta iluminación witmaniana.~~
~~No me leéis lo suficiente, no me leeis bien.~~
~~Y esta que va a mi lado, no es tan buena, tuvo suerte.~~

Y el sol que llueve sobre todos por igual, qué eucaristía de la luz.

~~Y este tiene más contactos, yo también, pero publico por talento.~~
~~No publiqué porque no tenía interés, hasta que tuve~~ (excusas del ego).

~~Las irracionales, demasiado irracionales ellos, que no se entienden.~~
~~Y otros venga darle al wisky , y al cigarrillo en la poesía de bares, de ligues, de calles lluviosas, demasiado claras, demasiado malditismo sucio romántico.~~

~~Qué pequeñito se ve el mundo desde arriba, poetiquillos menores y minúsculos zumban a lo lejos, sisean, lloriquean, bulliciosos.~~
~~Venderé sus libros dedicados, qué gesto de ser una grande.~~
Que te lean, tú quieres que te lean. Sí,
que te quieran, tú quieres
quieres, que te quieran, tú
quieres que te lean,
que te den un *like*.

Léeme, léeme, soy yo, el poeta, la elegida.
Soy un Blake,

~~Mira qué mordaz, qué aguda, qué dedo en la llaga, trasciendo del brillo del sol sobre las hojas de los naranjos, de la contemplación, del existencialismo que se resume en "ni puta idea".~~

~~Escribimos bien, yo y mis amigos sí que escribimos bien , verdaderamente bien, verdaderas poetas, bueno, ellos no tan bien, pero también muy bien, por supuesto que mejor que los otros.~~

Hermano, mira conmigo cómo la ola lame esta orilla, donde nos damos la mano; comunión de la carne, hermandad de la materia.
Léeme.

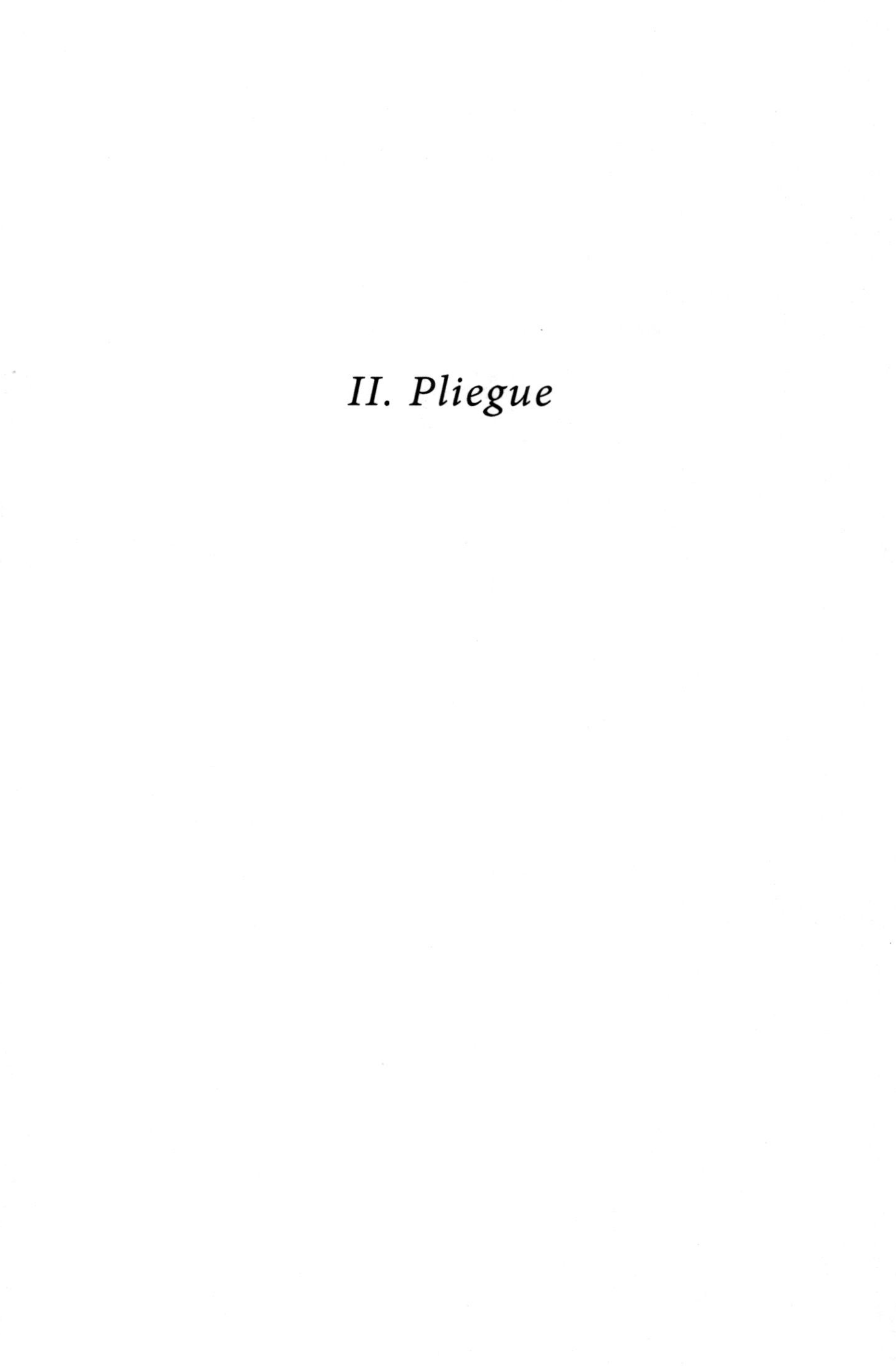

# *II. Pliegue*

# SOBREVIVIR

## II

yo quiero sobrevivir/ sí,quiero, sobrevivir/ quiero, quiero/ yo quiero, lo quiero/ parece lógico, puede parecer normal, pero no siempre/ no siempre pasa/ pasó/ y en mi empeño, en mi esfuerzo, haré lo necesario/
podría llorar más, y mejor/ con su función terapéutica, con su función trágica, catártica, dramática/ sacarlo todo, sacar algo, sacarlo/ quiero hacer todo lo posible/ lo que estén mi mano/ no me hubiera importado llorar más/ llorar lo normal, lo esperado, joder/ se me hizo demasiada dura, la piel, y a veces demasiado blanda.
Construir tras la destrucción/ eso es/ construir desde el hueso. pero llegué hasta el fondo? la vida convaleciente no duele/ la vida confinada no duele, no duelen tanto/ extraña anestesia/ rara/ como yo también, extraña .

# CONFINAMIENTO

*No es posible bañarse dos veces*
*en el mismo río porque nuevas aguas*
*corren sobre ti.*
HERÁCLITO

## I

Desde la ventana
la calle es un plató
o es siempre nocturna.

Ya no nos bañaremos en los mismos ríos.
¿Quiénes somos?,
para construir,
¿Quiénes seremos?

# TELETRABAJO

Iba a cambiar las sábanas
pero mis piernas están flojas.
Me tumbo y leo a Saccone.
Abajo la Play ruge,
y los niños, excitados
apuran el tiempo
antes de los deberes.
Fuera, en el parque,
oigo los pájaros
grandes y pequeños,
es una mañana brillante.
Se oye su voz al teléfono:
trabaja.
Y yo en mi flojedad, descanso, contemplativa.
No sé si es la hipocondría tras saberlo
o es lo que es: diagnosticado.

Ciento veintisiete *emails* de trabajo me esperan.
Atenderé un rato a mis hijos
hasta que él acabe,
pero antes: cambiaré las sábanas .

# ATARAXIA

Llevo ya tiempo en la colina
observando el brillo de las cosas,
el olor del aire,
como un lama,
¿imperturbable?
Tus palabras lanzadas
quedan suspendidas,
llegan a mí y luego
revolotean,
juego con ellas:
son extrañas, curiosas,
algo pretenden o son
accidentales.
Son pequeñas, son humanas
y acaban cayendo,
y las oigo como se oye la lluvia
que simplemente cae;
y la lluvia no se comenta
y a la lluvia no se le responde,
pero tú no eres la lluvia
y yo tampoco soy un lama
pero estoy en mi colina;
imperturbable.

# CALMA CHICHA

No hubo revistas en la mesita,
ni diarios,
tampoco lista de películas,
ni libros en cola.

Se acabaron los *e-mails*,
las expectativas;
lo inabarcable dejó de serlo,
porque no existía.

Los niños estaban bien,
y ya no era importante
la fórmula de los tiempos
administrados por los padres.
No había mucho que administrar;
Sí que había mucho que ver:
lo bonitos que eran,
las picaduras de mosquito en sus piernas,
y echar un ojo a sus deberes.

La vida se volvió sencilla:
mirar el verde del boulevard,
observar la luz sobre el agua de la fuente,
andar con los pies descalzos,
tumbarse en la cama,
respirar,
hablar con amigos
ver a la familia.

## TIEMPO CÍCLICO

El niño estuvo algo malo
y no fue al colegio.

Hubo termómetro:
negativo.

Le hice manzanilla con anís,
después desayunamos.

Fuimos a la farmacia.
Curé al gato.

Tuvimos dentista.

Volvimos a casa
e hice pasta.

Por la tarde, vimos una serie.

Luego paseamos un rato,
antes del tratamiento
al fondo de aquel pasillo
tan largo y nocturno.

Ya de noche vi el móvil,
que había ignorado;

el mundo de ahí fuera
me estaba reclamando.

# EL BUEN AMOR

*A Blanca, mi maestra del agua*

*Tu tarea no es buscar el amor,*
*sino simplemente buscar y encontrar*
*dentro de ti todas las barreras*
*que has construido contra él.*
MUHAMMAD RUMI

Tú quieres
quieres
sí, seguro
aunque no lo sepas
igual que ellas quieren
como también nosotros queremos
y ella quiere
y él quiere

que le quieran
que la quieran
que nos quieran
que te quieran
sí, que te quieran,

pero, y querer?
Tú quieres?
Él quiere?
Ella quiere?
Vosotros queréis?
Siendo el sujeto,
el vector
aunque dierais demasiado
y sobrara
rebosando

así,
de esa manera,
en esa dirección;

de arriba a abajo,
sin vértigo.
Lo pensaste?
Lo piensas alguna vez?
Tal vez ya sabes del efecto
*boomerang*

Busca a ver;
mira y busca
si pusiste alguna piedra,
si la arrastraste
hasta allí,
si pusiste ladrillos
si no deseas el amor,
si el amor sería demasiado
pesado o
demasiado ligero
o demasiado denso
o algo hueco
o tal vez pudiera ser confianzudo
o es miedo a que fuera muy grande
para llevarlo
para auparlo
para sujetarlo
esperarlo
que creciera asimétrico
fuera de control
demandante.

Mira a ver si de verdad
tú quieres

puede ser que no quieras
igual que él no quiere
ni ella
ni nosotros queremos
ni ellos quieren
en realidad
pero no lo saben
no intuyen
que hay una barrera
que ellos mismos construyeron.

# ODA A LA CAMA

Que giren los astros en la bóveda celeste
que ruja la tele, muy alta tras la puerta.
Que pasen las noticias.
Que suene el teléfono, no importa.
Que no se haga lo que había que hacerse,
nada es tan importante.
Qué postura más cómoda hacia este lado.
¡*Ay* la suavidad de las sábanas!
¡ *Ah*, la tibieza de la manta!
Ni se cocina, ni se hacen deberes,
ni se lee, ni se hace deporte.
¡Cómo cae la cabeza sobre la almohada!
¡Qué cómodo reposa el brazo sobre esta!
¡Qué pliegue fetal el de las piernas!
¡Qué frescura la de la sábana en la piel!
Solo descansa el cansado,
solo encuentran alivio las tristes
solo encuentran placer las enfermas.
¡Oh, cama cama! Dulce y maternal cama.

# *III. La buena voluntad*

# ENCOMENDARSE

S. vino a mi casa con un Kalanchoe, y lo plantamos.
J. Me mandó también unos vídeos de sanación de YouTube; el todopoderoso e insondable YouTube. A. me envío los links a vídeos de biodanza, y me dio los palitos de cardo, a los que ella tenía mucha fe. YouTube me sugería cosas, era listo el algoritmo: vídeos con música de crótalos en elevados templos, con monjes de divinales túnicas. De ahí a los audios de ciertos megahercios, para limpiar el aura, para limpiar tu hogar. Lo creí porque lo hacía mi amiga R. Ella hacía sus "limpias" de hogar con incienso por las esquinas (*Cuatro esquinitas tiene mi casa, cuatro angelitos que me las guardan)* y mi amiga M. hacía baños con pétalos, algo de santería cubana. R. me envió un vídeo de un coach motivacional y YouTube siguió tejiendo su tela de cookies; y había meditación y meditación como oración, y el poder del amor y del perdón, y la importancia del agradecimiento, y cómo educar en el agradecimiento, y visualizaciones y meditaciones guiadas. Y si tirabas por dietas verdaderas las tenías, de buenísimos médicos y bioquímicos, aunque no coincidían del todo. Había horas de audios porque el algoritmo no dejaba de ofrecerlos. No sé cómo pude despegarme de la pantalla.

# SIN MANUALES DE AUTOAYUDA

*A mi madre, Nieves, y a mi padre, Manolo*

*Gozoso desplegó las velas el divinal Odiseo y, sentándose, comenzó a regir hábilmente la balsa con el timón, sin que el sueño cayese en sus párpados, mientras contemplaba las Pléyades (...).*

*La Odisea* de Homero

La sonriente abuela P. , siempre echándose al negro Ponto con el *IMSERSO*. Primitivo, el poeta del pueblo, con sus aladas palabras. El sensato juez de paz. El bondadoso Eugenio. Los padres que nunca pusieron la mano encima. La inocencia de Peregrina, y su historia de amor, que hacía llorar a las ninfas. El chistoso y longevo Teodoro, el puntual y trabajador Manolo (con las cuatro reglas de su padre), la disciplinada Nieves, Penélope del Burda. La esforzada Ángeles; el disfrutón y comprensivo Burgos, la amorosa Ana. El gran orador D. con sus precisas y divinales palabras.

El valiente Héctor, la vida para él, hijo de Baco. La alegre y luchadora yaya M. La resiliente yaya E. ¡Oh! dioses ancestrales, ¡oh! ancestros míos, mostradme el camino, la verdad local, una pequeña verdad de pueblo o de barrio que me sirva.

# BONITO

*A Hugo y Oliver*

*Todo me parece bonito*
PAU DONÉS

En este sábado al medio día
el sol incide sobre el hule de la mesa,
es un hule resinado
un hule moderno, menos hule.
La palabra *hule* me evoca a mi abuela
y al rollo largo de cartón duro
donde ella lo enrollaba; se guardaba detrás
de la puerta de su habitación; nos mandaba a buscarlo.
Mi hule resinado es de fondo claro; es bonito mi hule,
y luce bajo el sol de la ventana, hoy está blanco porque froté
los surcos de vino, los de salsa de soja, los de tomate.
Es agradable el comedor: hay un suave rumor de fondo;
sonidos de recreativo:
es un juego del móvil, juegan mis hijos; no tienen el volumen alto.
Qué bonito está el hule, y la mesa, y mis hijos.
Que dure un poco esto, unas horas, medio día
que dure unos asaltos, aunque se vaya el sol,
aunque el salón vuelva al caos; aunque el hule
vuelva a ensuciarse.

# SANACIONES

*A mis amigas y amigos, por su inestimable apoyo*

Los vídeos que me mandó S.
de curación cuántica.
y el Kalanchoe que vino
a plantar en mi jardinera.
La pulsera de piedras para los chacras
que me regaló R.
Las flores de E y R .
Los rosarios de mi madre.
Las palabras de mi padre.
El agua de mi hermana B.
Los rezos budistas de F.
Los rezos cristianos de C.
Las estampitas digitales
que mandó M. P.
El ramo de R., J. y V.
Las visitas autorizadas de N. y Y.,
La orquídea y la miel que me trajo S.

El sobrero de S., para el sol.
Los mensajes y llamadas
de medio abecedario.

# HOSPITAL DE DÍA

*A Judith y a las enfermeras*
*del área de oncología del Hospital de Sagunto*

*...y mientras tanto, aquí abajo*
*está mi débil carne abierta,*
*apenas un movimiento, una herida*
*que manos expertas recosen*
*con puntadas de agua*

*le hacen a mi cuerpo*
*lo que yo le hice a la memoria(...)*
Rosa Lentini

Ese viejito de enfrente,
no tiene pierna;
la vida le dio un tortazo:
Tiene el pelo de mi abuelo,
las manos y gestos del otro,
los dos ya muertos.
Siento ternura por este viejito;
qué hace aquí, vencido en el sillón
bajo su gotero, la columna torcida,
el tronco hacia un lado, desvencijado.
Las enfermeras le preguntan
cómo puede estar más cómodo,
pero no hay mucho que hacer.

Ellas nos dicen *cariño*, o
*¿quieres algo, corazón?*,
Son simpáticas, y
con sus manos hábiles
hacen clic en las pestañas
de los goteros, tras leer tu nombre en alto
antes de ponértelo.

El gotero tiene mi nombre
y también dice *medicamento peligroso.*

Los goteros pitan casi constantemente,
y la sala es un concierto y cada beep es
una nota distinta, pero no hay belleza en esto,
es un rumor hospitalario, mecánico,
cadencioso, y yo me siento un
sistema de tuberías por las que
esas bolsas entran
en mi cuerpo.
Cuando pitan las máquinas, las enfermeras
vienen a teclear en el aparato, con ojos inteligentes, y
tal vez vuelvan a hacer clic además de
teclear.

Los allí sentados estamos mejor
de lo que pudiera esperarse.

El viejito ha acabado;
consigue pasar a su silla de ruedas
con poca ayuda.

Esboza una sonrisa, qué digno es.
No le tengáis pena.

# CONVALECENCIA

El suave soplido del aire acondicionado,
trinos de fuera amortiguados por el cristal,
el pii del lavaplatos,
he conseguido una postura cómoda
en el *chaise longe*;
quietud y un dulce abandono.

# CAMPO ESTÉRIL

*A Inma, Sandra y Alberto*

*pam*
la puerta de la enfermería
golpea,
la enfermera se prepara:
bata estéril de un uso,
*frufrú* de plásticos
sobre la bandeja de trabajo
*pam*, otra vez;
apenas hablo
para no desconcentrarla;
pone un plástico estéril bajo mi brazo
es azul celeste mate,
de buena calidad,
recién abierto el paquete
y de un solo uso
*pam*
sigue golpeando, la puerta
y yo no digo nada
para no hacer gastar
otro par de guantes.
La enfermera coge lo necesario,
viene y va.
Hay dibujos infantiles en las paredes
y una estantería,
un ordenador,
una nevera
*pam*
la enfermera va enfundada de azul
también estéril
mientras la puerta golpea
repetidamente

*pam*
Hay una pila, un carro con materiales,
posters del cuerpo,
una balanza.

*pam*
Hace un último cambio de guantes
y empieza.

# EL PODER DEL AHORA II

*Hogazas de gajos, d~~e cristal, de órbita...~~*
*estoy perdiendo el tiempo*
*pensando, pensando?*
BERTA GARCÍA FAET

El agua me cae sobre la cabeza
~~Qué tareas para el fin de semana?~~
~~Tengo que organizarme, la compra...~~
El agua cae sobre la cara
~~Tengo que ir al mercado, y hacer ejercicio?~~
El agua cae sobre mis hombros
~~mañana hay partido, luego comida,~~
~~hay que reservar~~.
El agua cae.......
~~Qué hacen los niños?, demasiada Play?~~
~~que se vengan al mercado~~
d~~ebería jugar con ellos~~.
Me gusta esta ducha
con regulador de temperatura
~~"Sentir cómo el agua cae"~~
~~decía la profesora de meditación;~~
~~en casi todos los ahoras no hay motivos~~
~~para que se acelere el corazón como si~~
~~corrieras delante de un tigre.~~
~~Tengo que trabajar unas horas~~.
~~La semana pasada tuve un par de esos días~~
~~de animal que pudiera ser depredado.~~
~~Recuerda: la respiración rápida es la de la gacela;~~
~~la pausada es la del depredador.~~
~~Yo no quiero depredar, solo no tener miedo~~.
Este gel es de centella asiática,
capricho de geishas, baño de reyes, lujo doméstico.

~~Recuerda las enseñanzas:~~
~~puedes suspender el tiempo un instante,~~
~~observarte; no hay bombas, no hay disparos, tus hijos tienen alimento.~~
El agua cae, como en un baño romano, o árabe,
podría hacer que oliera a hamman.
Cae como cortina, acariciando, saltando,
mojando; está tibia el agua;
es terapéutica, de sábado luminoso.
Ahora hace sol,
ahora hay más silencio en las calles;
mi ropa está limpia,
me la pongo, ahora.
Salgo a la calle.
Ahora voy paseando
hacia el mercado:
buena temperatura, buena brisa.
Compro verduras y frutas.
Son bonitas en sus cajas en la parada.
Hablo con gente;
voy a una tienda.
Compro un regalo. Vuelvo a casa.

# IN LAKESH (TÚ, OTRA VERSIÓN DE MÍ)

*A Margui*

*Me celebro y me canto a mí mismo;*
*y lo que yo asuma tú también habrás de asumir,*
*pues cada átomo mío es también tuyo.*
WALT WITMAN

Ese modo suyo de entornar los ojos,
el pestañeo tan preciso,
y las manos planeando seguras
en el aire: puro carisma.

Nuestra forma silenciosa de estar,
la torpe inocencia,
el miedo asignado, cerval,
del perdedor.

Son míos tus dones
Son tuyos los míos.

Vuestra audacia felina,
esa fuerza de conseguidores,
y un trío de ases bajo el brazo.

Observé a los bellos
admiré a los alegres, y vi la luz
que los prometeos extendían,
sin sombra, sobre nosotros.

Sin bajar la mirada,
sin mirar hacia arriba.

No digas más “mediocridad”;
Ven al medio y mira este mundo imperfecto,
el brillo de los enraizados a la vida.

Oye el canto del pequeño, del estrellado.

## TODO ESTO

Tengo el universo en un libro que dice que la tierra
rota a más de 1670 kilómetros por hora y que las galaxias
se separan rápidamente unas de otras.
Catorce mil millones de años no me caben en la cabeza,
y es cuando ocurrió el Big Bang.
Ahora sí que es corta la vida, aunque no siempre lo parezca
(cuando quieres que el tiempo corra hacia adelante,
como si fuera a ser mejor el futuro, o solo para que llegue el viernes,
y el fin de semana, que es fugaz como una estrella moribunda).
En el libro hay muchas páginas en negro, oscuras
como la noche cosmológica. El universo se acelera y expande
por la misteriosa energía oscura,
que creen que es el 74% del universo. ¿Será Diose
que nos empuja y hace girar desde el otro lado?
En mi libro representan el universo como una banda plana,
como el chicle rosa de carrete,
y se enrolla y une como la cola y la cabeza de una pescadilla.
Imposible de imaginar un borde, difícil de visualizar el otro lado.
¿Dónde se contendrá lo que nos contiene?
Tengo el universo en un libro. Lo meto en un cajón oscuro,
enciendo la luz de la habitación e intento imaginar el otro lado.

No quieras saber de qué va todo esto. Es imposible;
tal vez solo vaya de esto que está pasando ahora:
tú lees, yo escribo
Y de algunos fenómenos cercanos, como la cerveza, o la copa de vino
que te tomarás el sábado.

# LA BUENA VOLUNTAD

*A las mujeres del " Col·lectiu de dones de Canet d' en Berenguer"*

Tejer para recuperar,
recordar.
Tejen, están, son;
flores de lana para solapa,
tan numerosas como farolillos
de plástico reciclado
de botellas recogidas para decorar.
Recogidas, traídas, acumuladas
hasta que las manos las transformen
¿Para decorar?
Flores de papel con trece nombres
engalanan la calle peatonal
de un pequeño pueblo silencioso
donde ellas
tejen
pintan
pegan
hacen limonada
piden presupuesto
cosen flores para balcones
hacen artilugios poéticos
para decorar rejas de ventanas
¿para decorar? En el pequeño pueblo
voluntariamente tejen
en reunión
en cientos de reuniones
donde muchas manos tejen
dibujan
traen
escriben

por voluntad
van
transportan
vienen
vuelven vuelan
guardan con voluntad
lo que recogieron
lo que les dieron
lo que otros guardaron para ellas de buena voluntad
lo que otras guardaron para ellas voluntariamente

A veces son mariposas que duelen
pero si consiguen que sean miles
tal vez el dolor revoloteará sobre las cabezas de tanta gente
y se hará pequeñito.

A veces son zapatos pintados
recogidos
donados
trasladados
para que lxs niñxs los vean y recuerden
los instantes de ese día en el que los zapatos fueron rojos
y no quieran que más zapatos se tiñan de nuevo.
Tejen
cosen
van
suben
vienen
diseñan
pasan horas
ratos
conversando, empezando, continuando,

a veces vuelan

ofreciendo
entregando sus manos
sus ideas
su voz
sus palabras
¿para decorar? El pueblo descreído, el pueblo pequeño.
No vendrá la prensa ni publicará fotos de las telas reutilizadas
que algunas guardaron y otras cortaron, cosieron juntas
a veces con limonada, siempre entre conversaciones,

¿Quién os hará farolillos?
¿Quién os homenajeará con flores de lana?
¿Quién escribirá vuestros nombres por las calles?
Vosotras, fuisteis vosotras, ya lo hicisteis, ya está hecho.

Y otras dirán *qué bonita está la calle, qué bien lo hacéis*
*Són el grup de dones, elles ho fan, els agrada*
Otrxs dirán, *per què ho fan?*

Lo hacen porque cosen
Lo hacen porque van
Lo hacen porque piensan
Lo hacen porque recogen
Lo hacen porque tejen
Lo hacen porque cortan
Lo hacen porque saben
Lo hacen porque aman
A veces vuelan

# ES EL CAMINO

El bosque de Kaybab
tiene nombre africano
y tiene los mismos árboles
que los cerros de Guadalajara:
sabinas y carrascas espaciadas,
sobre un monte bajo y transitable;
se parece también a algunos paisajes
de Granada, de Tarifa y de California;
se parece terriblemente a ellos
y está en Arizona,
sobre el cañón del Colorado,
que fue de los indios, de los españoles
y ahora de los nuevos anglosajones.
En el bosque de Kaybab pastan caballos salvajes,
CABALLOS SALVAJES,
como los que domaban los indios,
también salvajes
también domesticados;
los caballos indios son mestizos,
a manchas blancas, marrones y negras;
algunos indios son medio negros
porque sus ancestros acogieron a esclavos huidos.
Vimos el gran cañón, como turistas;
allí se oía: " increíble, "incroyable ", incredible",
pero no se oía nada en navajo.
Los nativos americanos están en sus reservas,
hacen visitas guiadas, son recepcionistas de hotel
o trabajan en el *Burguer king* de Cayenta.
Están olvidando la lengua de sus abuelos y
hablan el inglés de los anglos como si también lo fueran.
Ahora son muy "americanos" porque les robaron la tierra,
el idioma y el nombre.

Las montañas áridas de Tuba city
son como las de algunos pueblos de Teruel:
rojizas, blancas y amarillas,
pero mucho más extensas, altas e imponentes.
Algunos mejicanos que trabajan en los restaurantes de desayunos
son muy parecidos a los españoles, y otros se parecen más a los nativos americanos del norte, aunque sus ancestros fueran del sur;
Y en aquel restaurante chino, el camarero llevaba una coleta larga que le hacía parecer nativo americano;
porque los asiáticos también se parecen algo a los amerindios;
Un mejicano nos desvela su plan imperialista de tomar América del Norte, lo hace medio en secreto, pero estoy segura de que el poderoso hombre blanco anglo ya está elaborando un plan de contraataque, porque tiene a Dios de su parte, siendo como es hombre y blanco, o eso dicen.
Este país es Babel, es una Pangea humana, me gusta. El mestizaje total acabaría con el racismo, lo dice la Steinem; así todas las personas nos sentiríamos igual entre personas, daría igual su raza o país, y desaparecería esa escalera que de algún modo se ha calibrado globalmente para que cada uno sepa cuál es su peldaño, y nadie tendría que mirar hacia arriba o hacia abajo nunca más, sino al lado, a los lados, siempre a los lados.

# *Índice*

## I. LA MALA VOLUNTAD



## II. PLIEGUE

## III. LA BUENA VOLUNTAD

Esta obra
se acabó de imprimir
bajo los auspicios de
Charo Fierro y
Antonio J. Huerga, editores.

FINIS CORONAT OPUS